668件可写的事

李博文 著

科学普及出版社
·北京·

图书在版编目（CIP）数据

668 件可写的事 / 李博文著. -- 北京：科学普及出版社，2025.1. -- ISBN 978-7-110-10884-0

Ⅰ.H05

中国国家版本馆 CIP 数据核字第 20247B9T98 号

特约策划	王晶波
责任编辑	童媛媛
装帧设计	田　松
责任印制	李晓霖

出　　版	科学普及出版社
发　　行	中国科学技术出版社有限公司
地　　址	北京市海淀区中关村南大街 16 号
邮　　编	100081
发行电话	010-62173865
传　　真	010-62173081
网　　址	http://www.cspbooks.com.cn

开　　本	880mm×1230mm　1/32
字　　数	100 千字
印　　张	6
版　　次	2025 年 1 月第 1 版
印　　次	2025 年 1 月第 1 次印刷
印　　刷	德富泰（唐山）印务有限公司
书　　号	ISBN 978-7-110-10884-0 / H·255
定　　价	48.00 元

（凡购买本社图书，如有缺页、倒页、脱页者，本社销售中心负责调换）

1. 从你的宠物的角度出发,描述它一天的生活。

2. 假设你能流利地说任何语言,你会去哪里?首先和谁交谈?

3. 给十年后的自己写一封信。

to _____ 岁的自己：

from 十年前的你

4. 创造一个新节日，描述这个节日的习俗和庆祝方式。

5. 如果你能与一位历史人物共进晚餐，你会选择谁？想问他什么？

6. 如果颜色会说话，你最喜欢的颜色会对你说什么？

7. 描述你在世界上最喜欢的地方，但不要直接说出它的名字。

8. 写一个以同一句话开始和结束的故事。

9. 如果你能拥有一项超能力,你会选择什么?如何使用它?

10. 描述一段你希望永远珍藏的记忆。

_____

_____

_____

_____

_____

_____

_____

11. 创作一段树与飘过的云之间的对话。

_____

_____

_____

_____

_____

_____

_____

12. 写下你成功冒险的一次经历。

13. 想象你是火星上的导游,描述那里有哪些景点。

14. 写一个主角是无生命物体的短篇故事。

15. 描述幸福的味道。

16. 写一首包含视觉、听觉、嗅觉、味觉和触觉的诗。

17. 假如有一天，你醒来后拥有了读心术，接下来会发生什么？

18. 描述一个所有人都只会说真话的世界。

19. 写下改变你人生观的一次经历。

20. 如果你能重温生命中的一天,你会选择哪一天?为什么?

21. 发明一项新的运动,并解释它的规则。

22. 描述一次旅行中的意外。

23. 写一个包含"雨伞""惊喜""午夜"这三个词的故事。

24. 如果你能在一本书中生活，你会选择哪一本？为什么？

25. 假如你在家里发现了一扇隐藏的门，想象打开后你会发现什么。

_____

_____

_____

_____

_____

_____

26. 描述你和你最喜欢的虚拟人物之间的一段对话。

27. 写下你克服恐惧的一次经历。

28. 如果动物会说话，你会与哪种动物成为朋友？为什么？

29. 描述你听过的最美妙的声音。

30. 假如时间不再正常流逝,会发生什么?

31. 给即将开始一段旅程的人写一封建议信。

32. 假如时间旅行成为可能,你会拜访哪个时代?

33. 描述一座建筑完全由玻璃建造的城市。

34. 从你最喜欢的食物的角度写一个故事。

35. 如果你能与任何人交换一天的生活，你会选择谁？

36. 写下你希望成真的一个梦想。

37. 描述赤脚踩在草地上的感觉。

38. 发明一种能让你的生活更轻松的工具,并解释它是如何工作的。

39. 如果你能抹去一段记忆,你会选择这样做吗?为什么?

40. 写一个天气在故事中起重要作用的故事。

41. 描述你突然感到自己"隐形"了的一个瞬间。

42. 假设你是一名宇航员,在一次任务中遇到了问题,你认为会发生什么?

43. 创作太阳和月亮之间的一段对话。

44. 假设你的影子有独立的意识,请描述它的一天。

45. 写下一个你无意之中的善举。

46. 设想一个从未存在过的国家，描述它的文化、政治和风俗。

47. 从早到晚，描述你觉得完美的一天。

48. 写一个歌声拯救了世界的故事。

49. 想象你是电子游戏中的一个角色，你希望自己的任务是什么？

50. 描述你最喜欢的一个季节。

51. 给一个与你失去联系的人写一封信。

52. 如果你能改变世界上的一件事,你会改变什么?

53. 描述一个让你感到安全的地方。

54. 写一个以"发现"开始的故事。

55. 假设你是一名侦探,描述你在家乡破获一宗谜案的经历。

56. 描述你必须做出艰难决定的一次经历。

57. 写下你第一次感到真正独立的瞬间。

58. 如果你能立即学会任何技能,你想学习什么?

59. 描述你遇到的最有趣的一个人。

60. 写一个梦境成为现实的故事。

61. 想象你能与过去的自己交谈,你会给自己什么建议?

62. 描述你最喜欢的一段童年记忆。

63. 写下你家庭中的一个传统。

64. 你梦想的工作是什么？详细描述你从事这份工作中的一天。

65. 如果你能成为任何一种动物，你会选择哪种动物？为什么？

66. 描述读完一本好书的感觉。

67. 写一首关于时间的诗。
_____
_____
_____
_____
_____

68. 想象你在海岸边捡到一个漂流瓶，里面会写着什么？
_____
_____
_____
_____
_____

69. 详细描述你从未去过但想去的一个地方。
_____
_____
_____
_____
_____
_____
_____
_____

70. 写下你认为50年后会出现的一项发明。

71. 假设你是一棵树,写下你看到的世界和经历的变化。

72. 假如你是地球上最后一个人,你会做什么?

73. 描述你生命中的一个幸运时刻。

74. 描写在一个失眠的夜晚,你脑海中浮现出的一个片段。

75. 如果你能与自己最喜欢的艺术家交谈,你们会讨论什么?

76. 描述一次日落的过程。

77. 写一个主角在爱与责任之间必须做出选择的故事。

78. 想象你拥有治愈他人的能力,你会如何使用它?

79. 描述一种你从未尝试过,但觉得很美味的食物的味道。

80. 写下你为了信仰而挺身而出的一次经历。

81. 描述你感到真正自由的一个瞬间。

82. 描述一个你感觉异常真实的梦境。

83. 写一个发生在一个房间里的故事。

84. 给你最喜欢的电影角色写一封信。

85. 选择一个家里常见的物品，想象它有灵魂，并描述它一天的生活。

86. 描述一场盛大的婚礼。

87. 如果你能改变历史上的一个事件,你会改变什么?

88. 描述你遇到过的最困难的一次挑战。

89. 写下一个你从未告诉过任何人的秘密。

90. 假如你能在水下呼吸,你会有怎样的冒险经历?

91. 描述你曾经历过的最恐怖的事件。

_____

_____

_____

_____

92. 写一个主角醒来后失去记忆的故事。

_____

_____

_____

_____

93. 如果让你发明一种新的雪糕口味，它会是什么味道？

_____

_____

_____

_____

_____

_____

_____

94. 描述你理想中的家。

95. 写下你帮助陌生人的一次经历。

96. 想象你发现了一扇通往另一个维度的门,它会是什么样的?

97. 描述一顿完美的饭菜。

98. 写一个机器人掌管世界的故事。

99. 如果你能与未来的自己对话,你会问什么?

100. 描述你感到自己与周围的环境格格不入的一个瞬间。

101. 描述你独自旅行的一次经历。

102. 假如你发明了一种全新的音乐风格,描述它的特点。

103. 写一段友谊改变你生活的文字。

104. 描述你曾经经历过的一次最糟糕的天气状况。

105. 如果你可以改变自己过去做过的一件事，你会选择什么？

106. 假如时间停止了一个小时，你会做什么？

107. 描述你最喜欢的一幅画，并解释你为什么喜欢它。

108. 想象你可以与任何动物沟通，描述你们之间的一段对话。

109. 写一首以"星空"为主题的诗。

110. 写一篇关于遗憾的文章。

111. 创作一个关于魔法学校的故事。

112. 如果你可以在梦中控制一切,你会做什么?

113. 写下你最喜欢的童话故事,并给它一个全新的结局。

114. 写一个主角发现一本神秘图书的故事。

115. 假如你发明了一种新型的交通工具,描写它是什么样的。

116. 写一个梦想与现实发生冲突的故事。

117. 写一篇关于勇气的文章,讲述你或他人的故事。

118. 假如你能听到植物的声音,它们会说什么?

119. 描述你最难忘的一次演出经历。

120. 续写这个故事:地球上发生了一场大灾难,你以为自己是唯一的幸存者,直到有一天,收音机里传来了一个人的声音……

121. 如果你可以品尝到任何情绪的味道,你觉得它们分别会是什么味道?

122. 描述你克服偏见的一次经历。

123. 描写一张旧照片背后的故事。

124. 假如你可以进入任何一幅名画中,描述你的经历。

125. 若某样东西突然消失了,人们的生活会发生什么样的改变?

126. 假如你突然变成了透明人,写下你一天中的冒险经历。

127. 假如你创造出了一种全新的乐器,描述它的外观和声音。

128. 描述你迷路的一次经历,以及你是如何找到方向的。

129. 写一个关于孤独的故事。

130. 假如你是一本书的作者，描述书中的人物突然来到现实与你互动的经历。

131. 描述你改变主意而导致意外结果的一次经历。

132. 写一首以"海浪"为主题的诗。

133. 描述你挑战权威的一次经历。

134. 设想一个平行世界,描述这个世界和在这个世界的"你"的生活方式。

135. 假如世界上只有一种颜色,一切将会如何变化?

136. 描述你对未来科技的展望。

137. 写一篇关于音乐如何影响情绪的文章。

138. 假如每个人的情绪能以颜色呈现,描述人们的生活会发生什么改变。

139. 描述你学习新技能的一次经历。

140. 写一个你的宠物突然成为英雄的故事。

141. 如果你可以改变地球上的一项自然法则,你会改变什么?

142. 描述你最喜欢的建筑物,并解释为什么。

143. 写一篇关于家庭传统的重要性的文章。

144. 假如你拥有了隐形的能力，但只能持续一小时，你会做什么？

145. 描述你对完美社会的想象。

146. 写一首以"风"为主题的诗。

147. 描述一次大雪的场景,但不用"雪"这个字。

148. 假如你能控制天气,你会如何利用这项能力?

149. 假如你捡到了一本预知未来的书,你会如何使用?

150. 假设你能听见别人的梦,写下梦中奇怪的内容。

151. 写一篇关于友情破裂的文章。

152. 想象你穿越到了未来世界,描述你所看到的场景。

153. 描述你参与志愿服务的一次经历。

154. 写一个关于神秘岛屿的故事。

155. 介绍一下你的母校。

156. 描述你最喜欢的一本书中的一个场景,并解释为什么。

157. 假如让你和陌生人度过一天,你会选择做什么?

158. 假如你能进入他人的梦境,描述你的冒险经历。

159. 写一个关于信任的故事。

160. 假如传说中的人物来到了现实世界，会发生什么故事？

161. 如果你可以与未来的人物对话，你会问什么？

162. 假如你穿越回过去，遇到18岁的妈妈，你会对她说什么？

163. 假如你发现了一种可以延长寿命的方法，描述其可能造成的影响。

164. 写一首以"沙漠"为主题的诗。

165. 写一篇关于环境保护的文章。

166. 回到你做出一个错误决定的时刻，你将如何改变结果？

167. 假设你失去了某种感官，写下你将如何适应没有这种感官的生活。

168. 如果你可以在任何地方建造一座房子，你会选择哪里？为什么？

169. 描述你对成功的定义。

170. 设想你在一艘幽灵船上,你觉得船上会藏着什么秘密?

171. 想象你能读懂动物的心思,描述你的发现。

172. 描述你认为的理想爱情是什么样的。

173. 写一个关于时间倒流的故事。

174. 如果你可以掌握任何一门艺术，你会选择什么？为什么？

175. 描述你最喜欢的音乐类型，并解释为什么。

176. 写一篇关于一个人克服障碍实现梦想的文章。

177. 假设你发现了一个宝藏，里面会有什么？

178. 描述你与自然亲近的一次经历。

179. 写一个关于小蜗牛梦想成真的故事。

180. 向盲人描述天空的颜色。

181. 描述你对幸福的理解。

182. 写一首以"雨"为主题的诗。

183. 想象你能够飞翔,描述你的感觉。

184. 描述你身上的一个缺点。

185. 写一个关于神秘声音引导你的故事。

186. 如果你可以选择生活在任何历史时期，你会选择什么时候？为什么？

187. 描述你最喜欢的一部电影，并解释为什么。

188. 为你最近看的一本书写一个书评。

189. 假设你能够预知未来,描述你的所见所闻。

190. 描述你参加重要活动的一次经历。

191. 假如发生了极端天气灾难,你将如何生存下去?

192. 如果你可以改变自己的一个特点,你会选择哪个?为什么?

193. 描述你对爱的理解。

194. 写一首以"星辰"为主题的诗。

195. 想象你发现了一把神秘的钥匙,你觉得它可以打开什么?

196. 描述你战胜挫折的一次经历。

197. 写一篇关于自我成长的文章。

198. 想象你是一个超级英雄,描述你的能力和使命。

199. 描述你理想的未来生活。

200. 写一个关于奇幻冒险的故事。

201. 描述你意外收获惊喜的一次经历。

202. 写一篇发生在雨天的温馨小文章。

203. 假如你发现了一种能够翻译植物语言的设备，描述你的发现。

204. 描述巧克力入口的味道。

205. 假如外太空向地球发送了一封神秘信件,你觉得内容会是什么?

206. 如果让你创造一种新的职业,它会是什么?

207. 描述你与家人或朋友共同克服困难的一次经历。

208. 写一首以"黎明"为主题的诗。

209. 假如你能够进入他人的记忆，描述你的体验。

210. 假如你被困在了一座无人岛上，你会如何面对孤独？

211. 假如你意外穿越到了童话世界，接下来会发生什么？

212. 想象你在一个能听见他人思想的世界，你将如何保护隐私？

213. 描述你与他人温暖互动的一次经历。

214. 写一篇关于科技与人性平衡的文章。

215. 假如你发现了一个能够实现任何愿望的神秘物品，你会如何使用它？

216. 描述你对完美友情的理解。

217. 假如时间停止，只有你能够行动，你会做什么？

218. 如果你可以让一本书中的角色来到现实世界，你会选择谁？为什么？

219. 描述一场紧张的比赛。

220. 写一首以"影子"为主题的诗。

221. 假如你的生活被监视,你将如何应对?

222. 描述你最喜欢的运动,解释它为什么吸引你。

223. 如果能改变记忆，你会选择忘记什么？

224. 想象十年后的今天你会在哪里、在做什么。

225. 描述你挑战极限的一次经历。

226.写一篇关于环境变化对人类产生影响的文章。

227.假如你能与过去的父亲对话,你会和他说些什么?

228.描述你理想的假期生活。

229.写一个两位老友久别重逢,共同回忆过去的故事。

230. 如果你可以改变一部电影的结局，你会选择哪一部？怎么改？

231. 描述你对勇气的理解。

232. 写一首关于季节的诗。

233. 想象你发现了一扇可以进入书中世界的门,描述你的冒险经历。

234. 描述你克服社交恐惧的一次经历。

235. 写一篇关于文化多样性的文章。

236. 如果你可以掌握任何一种技术，你会选择哪一种？为什么？

237. 描写你最喜欢的一个中国传统文化项目。

238. 描述人与AI的关系。

239. 假如你能够控制重力，你会做些什么？

240. 描写你最讨厌的一种水果。

241. 写一首以"流星"为主题的诗。

242. 如果你可以掌控人类的一种情绪，你会选择哪一种？你会怎么使用这项能力？

243. 描述你对幸福生活的看法。

244. 写一个关于机器人有了情感的故事。

245. 假如你是一个小国家的领导者,你会如何治理国家?

246. 描述你参加艺术创作的一次经历。

247. 写一篇关于体育的重要性的文章。

248. 如果你可以在任何地方举行一次音乐会，你会选择哪里？为什么？

249. 假设你每天只能说三句话，想象你的一天会怎样度过。

250. 写一个关于神秘地图引导你寻找宝藏的故事。

251. 想象你发现了一个可以改变事物大小的装置，描述你会如何使用它。

252. 描述你从失败中学习到的一个教训。

_____
_____
_____
_____
_____
_____
_____

253. 写一首以"回忆"为主题的诗。

_____
_____
_____
_____
_____
_____
_____

254. 如果你可以和任何一位科学家共事,你会选择谁?为什么?

_____
_____
_____
_____
_____
_____

255. 描述你对诚信的理解。

_____
_____
_____
_____
_____
_____
_____

256. 写一个关于时间循环的故事，描述主角如何打破循环。

257. 假如你能预料到别人如何死去，描述你的反应。

258. 描述你为他人带去快乐的一次经历。

259. 假设你某天醒来后发现自己变成了别人，之后会发生什么故事？

260. 描述你最喜欢的一首歌,并解释它为什么吸引你。

261. 写一篇简短的惊悚小故事。

262. 假如你在一场沙尘暴中迷失,写下你的求生之旅。

263. 想象你能够瞬间移动,描述你会去哪些地方。

264. 描述你为实现目标所做出的努力。

265. 写一首以"梦想"为主题的诗。

266. 如果你可以成为历史上的一个人物，你想成为谁？为什么？

267. 描述你对爱的不同形式的理解。

268. 写一个关于深海冒险的故事。

269. 假如你发现了一个能够阅读猫咪思想的头盔，描述你的经历。

270. 写一个关于主角在困境中放弃挣扎的故事。

271. 假如你只能通过文字与他人沟通,写下你一天的经历。

272. 如果让你设计一个主题公园,你会如何设计?

273. 描述你对失败的看法。

274. 写一个关于寻找丢失的小黄狗的故事。

275. 假如你能够改变自己的外貌,你会如何改变?

276. 描述你参与文化活动的一次经历。

277. 写一首以"寂静之夜"为主题的诗。

278. 如果你可以与任何一位音乐家合作，你会选择谁？为什么？

279. 描述你对合作的理解。

280. 写一个关于古老预言实现的故事。

281. 想象你能够进入妈妈的梦境，帮助她解决问题，会发生什么故事？

282. 描述你适应陌生环境的一次经历。

283. 写一篇关于家庭和谐的重要性的文章。

284. 如果你可以创造一个星球，它会是什么样的？

285. 描述你对和平的理解。

286. 写一个关于穿越时间寻找答案的故事。

287. 假如你能够改变一种自然现象,你会选择什么?为什么?

288. 假如所有人都能读到你的思想,写下你一天的经历。

289. 写一首以"红色"为主题的诗。

290. 如果你可以成为任何一部电影中的角色,你会选择谁?为什么?

291. 描述你对坚持梦想的看法。

292. 写一个关于神秘艺术品带来奇迹的故事。

293. 想象你能够看到鬼魂,会发生什么故事?

294. 描述你为他人带来积极影响的一次经历。

295. 写一篇关于自我反省的文章。

296. 如果你可以掌握任何一项运动技能，你会选择什么？为什么？

297. 描述你对时间价值的理解。

298. 写一首以"远方的呼唤"为主题的诗。

299. 想象你发现了一种能够让人类与外星人交流的方法，描述其影响。

300. 描述你克服偏见、与他人建立友谊的一次经历。

301. 描述你意外获得灵感的一次经历。

302. 写一篇关于坚持初心的重要性的文章。

303. 想象你发现了一种能够与原始人通信的方式,描述你的经历。

304. 描述你最喜欢的一种食物。

305. 写一个关于城市突然失去电力的故事。

306. 如果你可以改变自己的职业,你会选择做什么?为什么?

307. 描写你最喜欢的一座城市。

308. 写一首以"微风"为主题的诗。

309. 想象你能够
看到他人眼中的自己,
描述你的感受。

310. 描述你理想
中的退休生活。

311. 描写你家中的一样物品。

312. 假如
你已经单身二十年，
给你一次与月老对话的机会，
你会怎么向他控诉？

313. 描述你
去游乐园的一次经历。

314. 写一篇关于文化遗产保护的重要性的文章。

315. 想象你发现了一个能够复制任何物体的机器,描述其影响。

316. 描述你对诚信待人的看法。

317. 写一个关于时空裂缝导致世界陷入恐慌的故事。

318. 如果你可以与一位已故的画家对话,你会选择谁?为什么?

319. 描述你接受新观点的一次经历。

320. 写一首以"初雪"为主题的诗。

321. 假如你能够控制声音,你会如何使用这项能力?

322. 描述你对死亡的理解。

323. 写一个关于探索未知星球的故事。

324. 如果你可以改变一项体育比赛的规则，你会怎么改？为什么？

325. 描述你在团队中发挥领导作用的一次经历。

326. 描写玫瑰的味道。

327. 假如你进入了一个虚拟世界，描述你的冒险经历。

328. 描述互相信任在友谊中的重要性。

329. 写一个关于古老神祇苏醒的故事。

330. 如果让你为一个伟人编写墓志铭,你会选择谁?写什么?

331. 描述你克服懒惰、完成任务的一次经历。

332. 写一首以"彩虹"为主题的诗。

333. 请你用五个词形容自己,并分别解释为什么选择这几个词。

334. 你对目前的生活满意吗？为什么？

335. 假如你被困在一座看似封闭的塔中，写下你的逃生计划。

336. 如果让你改变自己的一个习惯，你会选择什么？为什么？

337. 假如你中了一亿元大奖，你会做什么？

338. 写一篇关于社交媒体对人际关系产生影响的文章。

339. 如果你能与地球对话，写下它对人类的看法。

340. 描述你对成功需要付出努力的看法。

341. 描写一个城市的夜景。

342. 假如世界失去了重力感，生活将会发生什么变化？

343. 描述你在困境中获得帮助的一次经历。

344. 写一首以"日出"为主题的诗。

345. 介绍你小时候最喜欢的一部动画片。

346. 描写让你印象深刻的一个人。

347. 想象一只猫的梦境世界是什么样的。

348. 写下一段你最不愿提起的回忆。

349. 假如世界突然变成了二维的，描述你如何适应新的维度。

350. 想象所有人都不会衰老，世界会变成什么样子。

351. 设计一场盛大的婚礼。

352. 想象你在森林中发现了一栋废弃的小屋，接下来会发生什么？

353. 给你曾经对不起的人写一封道歉信。

354. 以最平静的口吻,描述你曾经历过的最可怕的事件。

355. 描述你克服
自我怀疑的一次经历。

356. 写一首以
"月光"为主题的诗。

357. 假如有一种能够重温记忆的机器,描述你体验的过程。

358. 写一个关于真诚的故事。

359. 描述你最喜欢的一个明星。

360. 描述你希望的人生结局。

361. 描写你与一棵百年老树的对话内容。

362. 描写一个人的一天：他每天都重复着同样的事情，直到某一天发生了变化……

363. 想象有一个废弃的游乐园，其中隐藏着一个秘密，那会是什么？

364. 早上醒来，你发现自己变成了孩子，但记忆还停留在成人阶段，你如何适应？

365. 假如你能预见别人的未来，但无法告知他们，你会怎么做？

366. 写一篇关于告别的文章。

367. 你偶然发现了一本日记，内容让你震惊，它会是什么？

368. 写一首以"繁星"为主题的诗。

369. 想象一个不需要食物的社会，人们如何生活？

370. 假如所有的事物都有了意识，写下你与自己晚餐的对话。

371. 假如你只能选择记住三件事，你会选择记住什么？为什么？

372. 描述你目前所居住的这座城市。

373. 写下你最想实现的一个愿望。

374. 如果你获得了无限的时间，你将如何利用？

375. 想象你能够创造梦境，描述你的创作过程。

376. 描述你对努力就会有回报的看法。

377. 写一个关于科技导致人类情感疏离的故事。

378. 假如你能够瞬间传送物体,你会如何利用这项能力?

379. 写下你能想到的一支笔的所有用途。

380. 写一首以"旅途"为主题的诗。

381. 描写你做过的最奇怪的一件事。

382. 写一个没有人类角色的故事。

383. 假如你发现了一本记录所有人秘密的书,你会选择怎么做?

384. 描述一场灾难后的重建故事。

385. 原本被视为恶人的角色其实是英雄,这个故事该如何展开?

386. 想象世界上的水源逐渐消失，人们会如何面对这个危机。

387. 写一个关于两只猫相爱的故事。

388. 描述在一场流星雨中发生的不可思议的故事。

389. 描述一个夜晚永远不会结束的世界。

390. 假如你醒来后发现自己无法发声了,你该如何与其他人沟通?

391. 想象你被困在了一幅画中,必须解开其中的谜题才能逃脱,会发生什么故事?

392. 写一首以"秋叶"为主题的诗。

393. 描写一个发生在极端天气下的故事。

394. 写一个关于失物招领的故事,物品有重要意义。

395. 假如你可以在水中呼吸,写下你的冒险经历。

396. 假如你是画中的人物,描述你看到的世界。

397. 写一个发生在雨夜中的故事。

398. 假设人类灭绝，新物种统治世界，描述它们的生活。

399. 给你未来的孩子写一封信，传递你的价值观。

400. 假如你发现了一瓶喝下可以永生的水，你会喝吗？

401. 如果动物园中的所有动物都逃跑了，你会怎么做。

402. 假设你最害怕的事情发生了，它会如何影响你的人生？

403. 想象你能够与风对话，写下你们的对话内容。

404. 描述你对自律生活的理解。

405. 描写你觉得尴尬的一次经历。

406. 假设人类即将灭绝，写下最后一个人留下的遗言。

407. 你发现了一块拥有治愈能力的石头，你会怎么使用它？

408. 写一首以"晨露"为主题的诗。

409. 假如你拥有了能够读取古代文字的能力，描述你的经历。

410. 假如你能够让别人遗忘过去，你会如何使用这项能力？

411. 写一个关于神秘音乐盒引发奇迹的故事。

412. 描写一个反乌托邦社会，表面完美但暗藏黑暗。

413. 假如时间只在晚上流动，生活会发生什么变化？

414. 假设穿越回古代，你会如何利用现代知识改变历史？

415. 假如朋友渐行渐远，该如何挽回？

416. 想象人们每天都会随机变化年龄,世界将变成什么样。

417. 描写一个关于科幻战争的故事。

418. 假设你能与秦始皇共度一天,你们会讨论什么?

419. 描述你在学习新语言中遇到的挑战。

420. 写一首以"暮色"为主题的诗。

421. 假如你拥有能够感知他人真实意图的能力,你会如何使用它?

422. 想象一个地下城市,描述其结构和文化。

423. 写一个关于机器人与人类共存的故事。

424. 写一个关于欲望的故事,主角最后为欲望付出了代价。

425. 描述你在团队中解决冲突的一次经历。

426. 你突然发现自己成了另一个人的影子,写下你的感受。

427. 假如你能够控制植物的生长，描述你会如何利用这项能力。

428. 描述一场未来的婚礼，它和现代婚礼会有何不同？

429. 设想一座漂浮城市，描述其技术与人们的生活方式。

430. 假设你能看到自己生命的最后一刻，写下你的反应。

431. 设想一个没有疾病的世界，人们在其中如何生活？

432. 写一首以"星空下的思考"为主题的诗。

433. 想象你发现了一种能够让人飞翔的装置，描述其影响。

434. 假如你在一座小岛上发现了一个与世隔绝的部落，描述这个部落人民的生活方式。

435. 设计一个新感官,赋予人类新的体验。

436. 假如你面对两个重要的选择,写下不同选择导致的不同结果。

437. 想象自己成了陌生城市的市长,你将如何解决城市问题?

438. 玫瑰的香气会让你想到什么?

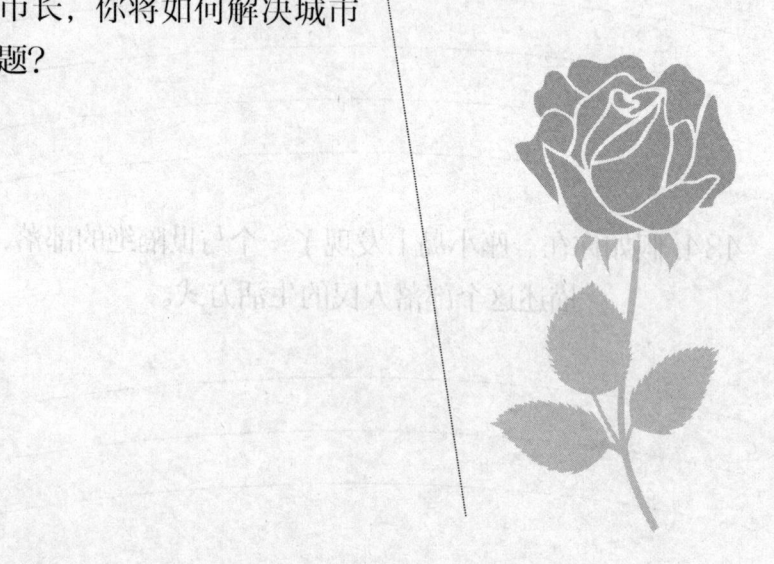

439. 写一件让你觉得幸福的小事。

440. 作为考古学家,你发现了一个能改变历史的文物,它会是什么?

441. 假设家庭中的每个人都有秘密,写下每个人的故事。

442. 你得到了一本预言书,书上记载着未来一年会发生的事,你会如何应对?

443. 假如世界上的所有机器都失控了，人们该如何面对？

444. 设计一个未来的机器人。

445. 描写你的妈妈。

446. 假如一个人失去了重要物品，描述他的失落感。

447. 描写一座深藏在海底的古老城堡。

448. 设计一场智慧与体力并重的运动会。

449. 假如你无法兑现一个重要承诺,你会如何应对?

450. 假如你可以与一个人交换人生,你会选择谁?为什么?

451. 想象你能够控制温度,你会如何利用这项能力?

452. 假如你继承了一笔巨额财富,你会如何处理?

453. 未来的食物不仅能吃,还能改变情绪,写下这段故事。

454. 你发现了一张藏宝图,但需与人合作才能找到宝藏,你会找谁合作?怎么合作?

455. 描述一个谜团重重的小镇，主角最后揭开了秘密。

456. 写一首以"深海"为主题的诗。

457. 描写你无法忍受他人的一个行为。

458. 你进入了一个神秘的迷宫中，不同的出口有不同的结局，写下几种不同的结局。

459. 假如你想改变现在的生活,你觉得会遇到哪些挑战?

460. 你参加了一场改变命运的神秘游戏,结果会如何?

461. 假设家庭中的每个人都有特殊能力,这些能力会是什么?

462. 描写你想象中的外星人的外貌。

463. 假如你能重启某一天,你会选择哪一天?你会做什么不同的决定?

464. 假如你发现朋友是秘密组织的成员,你会如何应对?

465. 写一个关于神秘传送门连接不同世界的故事。

466. 你收到一封神秘的邀请函,邀请你参加未知的冒险,你会如何准备?

467. 写下你人生中的第一个梦想。

468. 写一首以"流浪"为主题的诗。

469. 假如你拥有了一种能够感知他人痛苦的能力,描述你的感受。

470. 一位能够预知未来的老人对你做出了预言,你会有什么反应?

471. 假如世界上的每个人都只能活到30岁，社会会如何运作？

472. 如果你可以在任何历史时期举办一场艺术展览，你会选择什么时候？为什么？

473. 描述你在团队中发挥创造力的一次经历。

474. 假如你发现最好的朋友是时间旅行者，你会有什么反应？

475. 如果所有人都不能说谎，人际关系会发生什么变化？

476. 假如你能让时间倒流一小时，但一生只能用一次，如何使用？

477. 描写一座生活在月亮上的城市，它会如何维持与地球的联系？

478. 想象一种全新的烹饪方式，描述它如何改变人们的饮食习惯。

479. 设想一座永远不会下雨的城市，描述人们的生活方式。

480. 描述你最近一次哭的经历。

481. 假如你突然失去了声音，你会如何适应生活？

482. 一个平凡的物品突然拥有了魔法，写下它的故事。

483. 想象你能听见星星的声音，它们会说些什么？

484. 一个人突然在婚礼上带走了新郎，描述之后发生的故事。

485. 假如你的影子可以与他人对话，它会说些什么？

486. 如果你与通缉犯长得一样，你会怎么做？

487. 描述一场在云层中的战斗。

488. 假如你每天醒来都会失去前一天的记忆,描述你会如何生活。

489. 写一个关于神秘岛屿隐藏着巨大秘密的故事。

490. 你发现了一块能让你飞行的石头,写下它的故事。

491. 你进入了一只狮子的梦境世界，写下你的冒险故事。

492. 描述一次奇异的海上探险经历。

493. 描述一座由光构成的城市，居民如何生活？

494. 主角在一座废墟中发现了最后一封信，信的内容会是什么？

495. 假如你可以提前体验未来的某一天，你会选择哪一天？你会经历什么？

496. 假如你能召唤一个神秘生物为你服务，写下发生的故事。

497. 想象你在梦中遇见了一个与你完全相反的人,写下你们的对话。

498. 描写一座城市的烟火气。

499. 假如所有人突然失去了睡眠的能力,写下生活会发生的变化。

500. 假如你突然失去了重力感,写下你的冒险经历。

501. 写下纸巾与书籍的所有相似之处。

502. 假如你在地图上发现了一块未知的大陆，写下你的探索经历。

503. 假如时间可以作为货币交易，人们将如何生活？

504. 描述一座由冰雪建造的城市。

505. 假如你能操控他人的梦境,你会如何改变别人的生活?

506. 描写一座建在巨大树木上的城市,居民如何与自然共生?

507. 假如你拥有了控制火焰的能力,你会如何掌控这种力量?

508. 想象你在一片森林中发现了一扇神秘的门，门后会是什么？

509. 假如世界上所有的水源都消失了，人类将如何生活？

510. 你发现你生活的世界是虚拟的，写下你应对的方式。

511. 描述一座充满谜题和陷阱的古老神殿。

512. 假如你能预知自己的死亡时间,写下你的感受。

513. 你意外发现能与过去的自己对话,会发生什么故事?

514. 你在海底发现了一座被遗忘的城市,城市里会有什么?

515. 用"花朵""意外""狗""钟表"写一个故事。

516. 假如世界上的所有声音都变成了音乐，人类的生活将发生什么改变？

517. 描写一座飘浮在空中的古老城堡。

518. 假如你的朋友突然变成了一只鸟，你会怎么做？

519. 有一个人找到了一件能操控风的神器，写下他的冒险经历。

520. 假如时间流逝的速度变得不可预测，人们的生活会发生什么改变？

521. 假如你能听到未来一小时的声音，你会做什么？

522. 主角在星际旅行中发现了一个神秘的外星文明，写下他的发现。

523. 描述一件你很喜欢的衣服。

524. 假如你的手机突然有了自己的意识，它会和你说什么？

525. 如果你能通过触摸进入他人的记忆，写下你的一次经历。

526. 你发现了一条可以通往异域的河流，写下你的冒险经历。

527. 想象一个能源无限但无法被储存的世界，描写人们如何利用这种能源。

528. 假如你能感知未来的危险，你会如何帮助他人避开灾难？

529. 给18岁的自己写一封信。

530. 假如世界上所有的花朵都能与人交流，写下它们的故事。

531. 假设你能进入虚拟世界，写下你是怎么发现自己有这个能力的。

532. 描写你身上最大的优点。

533. 描述一个没有男性的世界。

534. 你发现了一个秘密，这个秘密可以改变世界，它会是什么？

535. 你在一座废弃的实验室中发现了一种能够改变人类进化的技术，你会怎么做？

536. 假如你能瞬间移动到任何地方,你会从事什么职业?为什么?

_____
_____
_____
_____
_____
_____

537. 描述一个有流星雨的夜晚。

_____
_____
_____
_____
_____
_____

538. 你醒来后发现自己变成了一条狗,描写你的心情。

_____
_____
_____
_____
_____
_____

539. 在一条漆黑的小巷里,你遇到一个奇怪的人,续写之后的故事。

_____
_____
_____
_____
_____
_____

540. 一天，你发现你的宠物狗看着一盆花流下了眼泪，你觉得它在想什么？

541. 如果你预感到乘坐的飞机即将失事，你会怎么劝导飞机上的乘客下飞机？

542. 主角进入了一个他曾经幻想过的世界，写下他的经历。

543. 描述一个只有植物，没有动物的世界。

544. 假如每个人的伴侣是被随即分配的，世界会变成什么样？

545. 假如你拥有一次重启自己生命的机会，你会使用吗？为什么？

546. 假如世界上所有的书都消失了，写下人们如何记录和传递知识。

547. 你进入了一个从未被人类发现过的地下洞穴，描述这个洞穴的样子。

548. 描写鸟叫的声音。

549. 你觉得代表冬天的味道是什么？为什么？

550. 你发现了一台能够读懂他人思想的机器，它是如何运作的？

551. 如果有一种可以改变人类性格的药水，你会怎么使用它？

552. 你收到了一份来自外星文明的手稿，写下你的解读。

553. 假如你可以缩小自己的身体，写下你在蚂蚁洞中的遭遇。

554. 描述你在火车上劝导不文明行为的一次经历。

555. 如果你能控制鱼群，你会如何使用这项能力？

556. 主角发现了丢失很久的狗，描写他和狗相遇的那一刻。

557. 假如世界上所有的金属都消失了，写下人们如何适应。

558. 用文字向一个聋哑人描述你觉得最动听的声音。

559. 吐槽你觉得手机最鸡肋的一个功能。

560. 你进入了父亲的梦境,发现了一个隐藏的秘密,它会是什么?

561. 用老鼠的视角描述一只可爱的小猫。

562. 描述一种可以让人亲身体验音乐背后的故事的技术。

563. 你发现了一颗能赋予人类超能力的种子,写下它的效果。

564. 描述一个沉闷的午后。

565. 假如你是一棵树，想象你和松鼠之间会发生什么有趣的事。

566. 假如你忽然失去了视力，你该如何适应？

567. 假如你能通过嗅觉感知情绪，写下这种能力带来的困扰。

568. 你最喜欢的颜色是什么？为什么？

569. 假如你预见自己五年后会成功，你现在还会努力奋斗吗？写下你的思考。

570. 你发明了一种能够控制太阳的装置，写下你会如何应用。

571. 假如你能预知他人即将说的话，描述你的反应和生活变化。

572. 描述身在一个只有海洋的星球，人类会如何生存？

573. 假如秦朝的人穿越到了现代，写下他们观察到的世界。

574. 续写这个故事：你能够消除他人内心不愉快的事情，一天，一个老奶奶找到了你……

575. 编写一个"罗生门"的故事。

576. 写下你平常舒缓心情的五种方式。

577. 你在婚姻登记处外遇到两个老人,想象他们之间发生的故事。

578. 一觉醒来,你发现卧室里有另一个自己,描写接下来发生的故事。

579. 续写这个故事:你是一只掉进井里的青蛙,有一天,一只乌鸦说能救你上来……

580. 以没有到过城市的乡下外婆的视角描述一座现代化的城市。

581. 以"梦"为主题写一首诗。

582. 描写一个新生儿诞生的时刻。

583. 你醒来发现自己已经七十岁了,你会有什么遗憾?

584. 假如让你在海上漂流一个月，只允许带三样东西，你会选择带什么？为什么？

585. 写一封信给你许久未见的妻子，内容是向她要钱。

586. 描写一个发生在冬季里的暖心故事。

587. 假如你有点石成金的能力，写下它对你生活的影响。

588. 描写一艘隐藏在深海之中的外星飞船。

589. 给你的妈妈写一首诗，表达你对她的爱意。

590. 主角找到了一面能预知自己命运的镜子，写下他看到的景象。

591. 父亲节要到了，你会为他准备什么礼物？为什么？

592. 描写一座由冰建成的城市，它如何在不断融化中维持存在？

593. 假如所有人都变成了小孩子，社会将如何运作？

594. 主角的父亲去世了，写下他得到消息的那一刻。

595. 描述一个长途货车司机在车上的一天。

596. 描写你最喜欢的一种饮料。

597. 写一首以"微风"为主题的诗。

598. 如果你可以在任何历史时期开设一所学校，你会选择什么时候？为什么？

599. 假如你触碰什么就会变成什么,写下你如何适应这种能力。

600. 描写一座只有白天的城市,人们将如何生活?

601. 你突然体验到了未来自己的记忆片段,它会如何影响你现在的生活?

602. 假如一个人从来没有吃过苹果,描写他第一次吃到苹果时的感受。

603. 描述一栋很久都没有人住过的房子。

604. 假如你有能力跳过某一天,你会选择哪一天? 为什么?

605. 写下一对没有孩子的老夫妻的对话。

606. 你能让任何物体飘浮,写下你如何使用这项能力。

607. 你得到了一直想要的一样东西，但到手才发现这个东西很平凡，写下你心境的变化。

608. 假如你的生命只剩下了最后一天，你该如何安排这一天？

609. 假如你带着《唐诗三百首》穿越到了汉朝，写下你的经历。

610. 如果孔子遇到了现代的一个流氓，他们会有什么对话？

611. 描绘一个精巧的八音盒。

612. 你有一条养了很多年的狗,这一天它忽然开口说话了……

613. 假如你突然发现了一座金矿,你会怎么做?

614. 描写你做过的最美好的一个梦。

615. 描述一个存在于时间之外的城市。

616. 描述一个天气与人类情绪相连的世界。

617. 假如你拥有了让恐龙复活的能力,你会如何使用这项能力?

618. 以猫的视角,描述一只恶犬。

619. 假如恐龙是鸡的祖先，鸡会给恐龙写一封什么样的信？

620. 描写你第一次看见大海时的感受。

621. 想象你是一个航天员，描绘你在太空中看到的地球。

622. 写一首以"春日暖阳"为主题的诗。

623. 用三句话讲述一个关于亲情的故事。

624. 假如世界上所有的人都不会死去,社会将如何运作?

625. 如果你画下的东西都可以成真,你会如何使用这项能力?

626. 假如你生活在一座会自行移动的城市,写下你的经历。

627. 描述一个让人愤怒的时刻。

628. 假如你能通过别人的眼睛了解他们的过去,写下你的反应。

629. 主角向父亲撒了一个谎,但是被父亲识破了,描写父亲是如何识破他的谎言的。

630. 你突然拥有了任意变化的能力,写下你的一天。

631. 描述一个平静的夜晚，但是要出现声音。

632. 写下你最厌恶的一件事。

633. 假如你发现了一台能够重现过去文明的古老机器，你会使用吗？为什么？

634. 写下一个耳聋的人忽然听到声音的感受。

635. 现在你正在哪里？描写你周围的事物。

636. 如果你的鞋子会说话，写一段它与你的对话。

637. 写一首以"秋日落叶"为主题的诗。

638. 你意外找到了一块能够延长寿命的面包，但是你的仇人也发现了这个秘密，你们会有什么样的对话？

639. 假如你是一个流浪汉,在一个雨夜,你想起了自己的家人……

640. 想象一只母鸡忽然不愿意下蛋了,原因会是什么?

641. 写下单身生活的五个好处。

642. 描写一件关于你父亲的小事。

643. 用三个词形容你的性格,并解释每个词的含义。

644. 假如你回到高中时期,你会做什么?

645. 写一个关于一只迷路的小猫寻找回家之路的故事。

646. 假如你突然失去了手臂,你会如何适应生活?

647. 描述一个让你感到自豪的成就，并写出它对你意味着什么。

648. 假如你的镜子有了意识，并开始评论你每天的行为，描述你们之间的一次对话。

649. 描述妈妈做过的最让你感动的一件事。

650. 如果你将球踢到了一个脾气火爆的老爷爷的院子里，你会如何将球取回？

651. 描写一个艳阳高照的大晴天。

652. 如果所有的人类都缩小到十分之一大小，人们如何生活？

653. 写下上学时你最美好的记忆。

654. 写一个关于爱与失去的故事，主人公是一棵树。

655. 描写一个惨烈的战争场景。

656. 写一个关于机器人试图理解幽默的故事。

657. 假如你是唯一一个记得地球历史的人,写下你的故事。

658. 假如你可以自由穿越时间,但有一个限制,它会是什么?

659. 假如魔鬼与上帝相遇,他们会产生什么对话?

660. 描写你认为的"星期一"和"星期日"的颜色。

661. 如果下辈子不做人,你想做什么?为什么?

662. 你能让任何物体消失,写下你如何使用这项能力。

663. 续写这个故事：你独自居住在一个与世隔绝的小岛，某一天，忽然响起了敲门声……

664. 描写你最喜欢的一道菜。

665. 写一个关于等待的故事。

666. 你终于实现了自己的愿望，描写这个瞬间。

667. 写下一张纸的30种用途。

668. 你认为"过程"重要还是"结果"重要？为什么？